MW01443860

A los niños y niñas de mi vida.

LA HISTORIA DE LOS COLORES

Inés Tinoco Pastor

Hace muchos años el mundo era solo blanco y negro.
Os voy a contar la historia de los colores.

A long time ago, the world was just in black and white.
I'm going to tell you the colour's story.

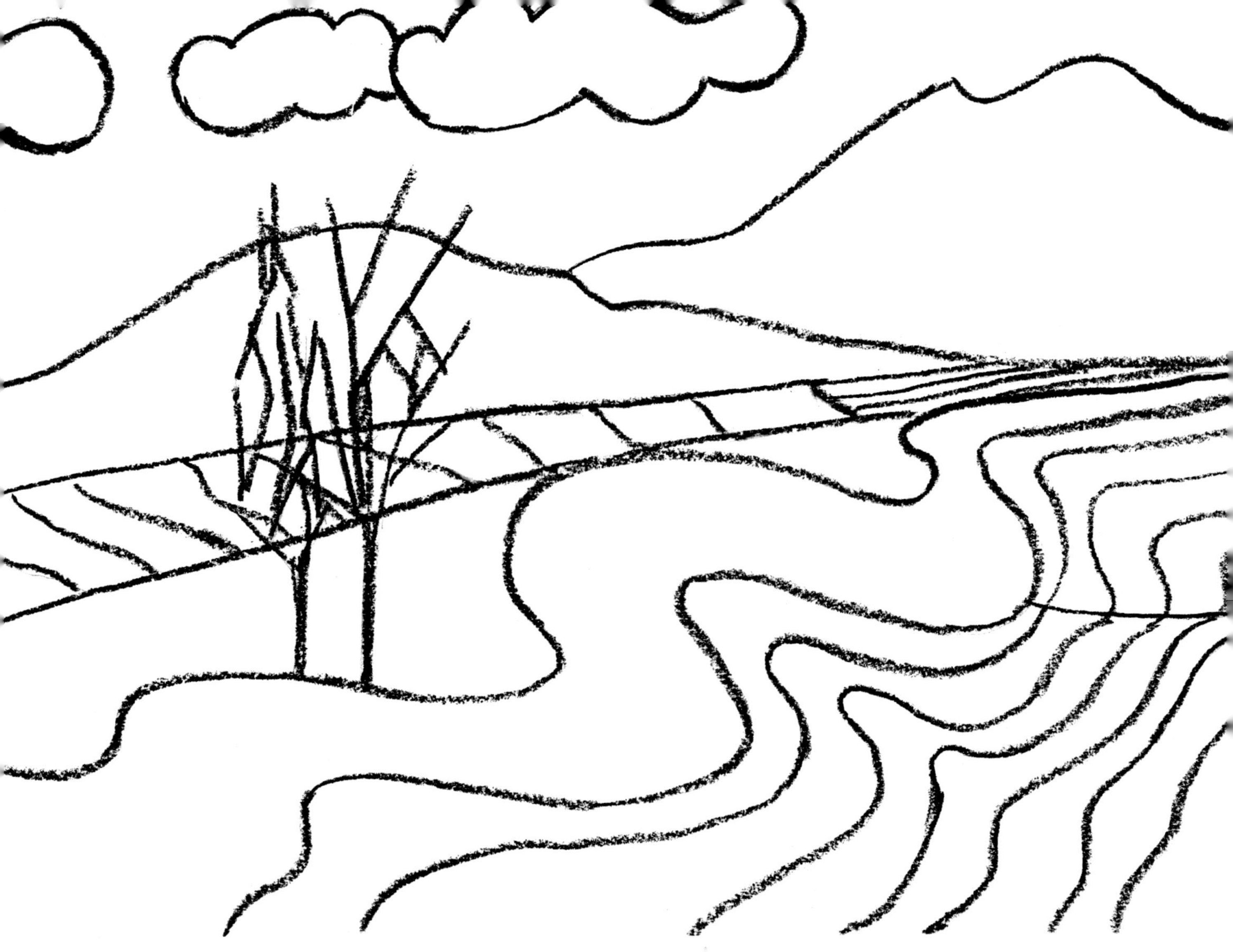

Al principio sólo había tres colores.
El Rojo que es un color caliente porque vivía en los volcanes.

At the beginning there were just three colours. The Red colour, that is a hot colour because it lived into the volcanoes.

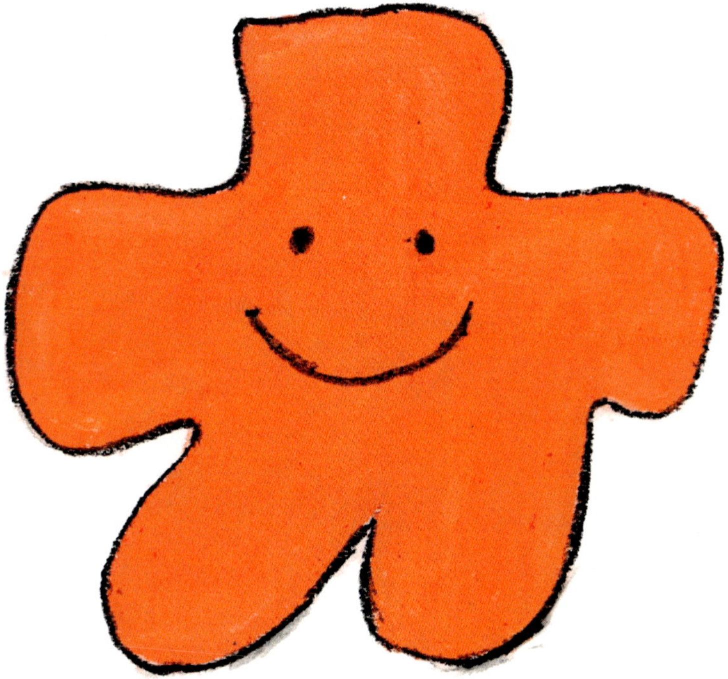

El **Azul** que es un color frío porque vivía en el Mar del Norte.

The **Blue** colour, that is a cold colour because it lived in the North Sea.

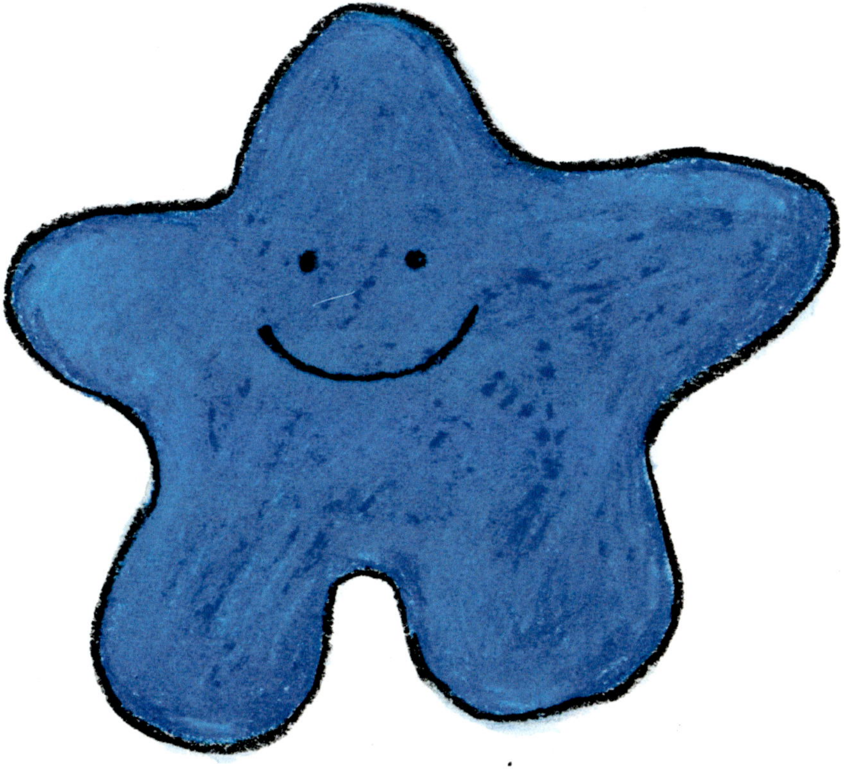

Y el Amarillo que es un color luminoso porque vivía en el Sol.

And the Yellow, that is a bright colour because it lived in the Sun.

Los colores vivían separados, no se conocían entre ellos y estaban muy aburridos.

The colours lived separated, they didn´t know each other and they were very bored.

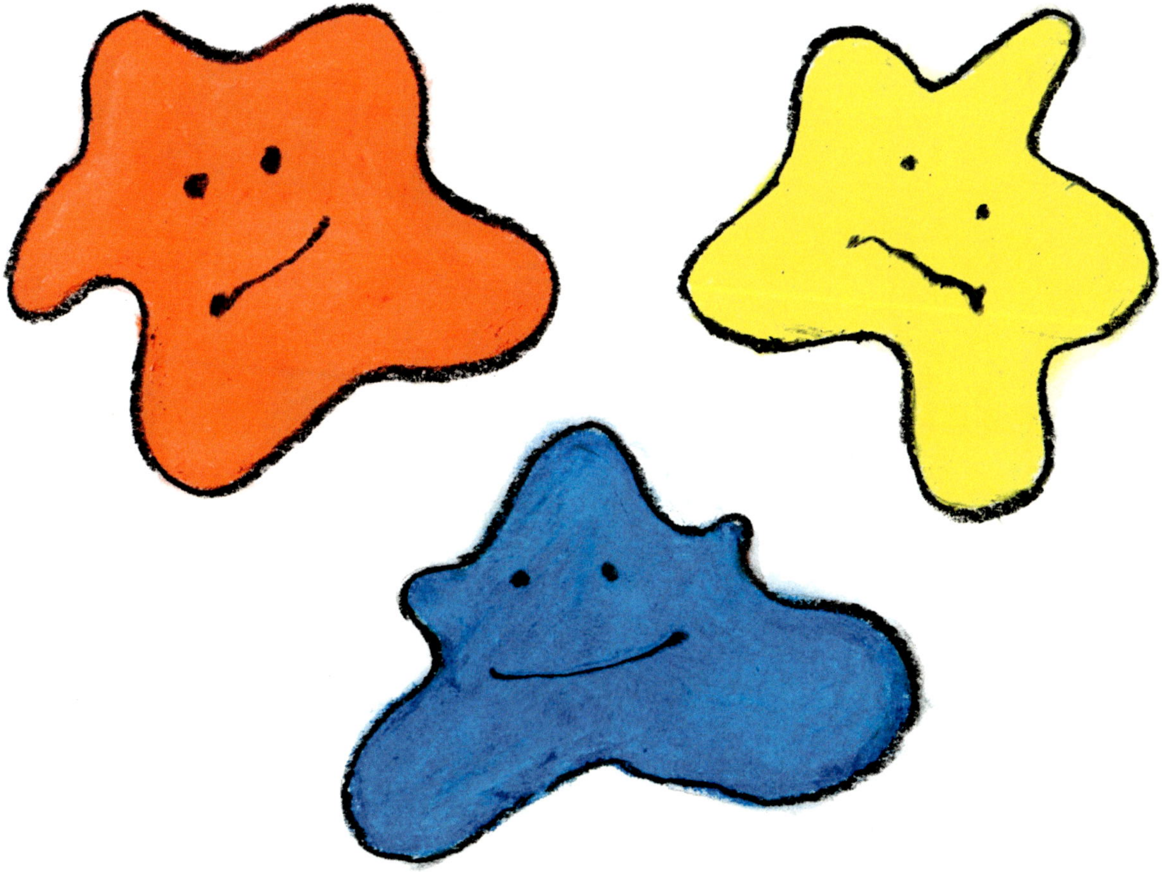

Un día el Rojo salió de excursión y bajó de los volcanes.

One day, the Red colour went on a trip and went down the volcanoes.

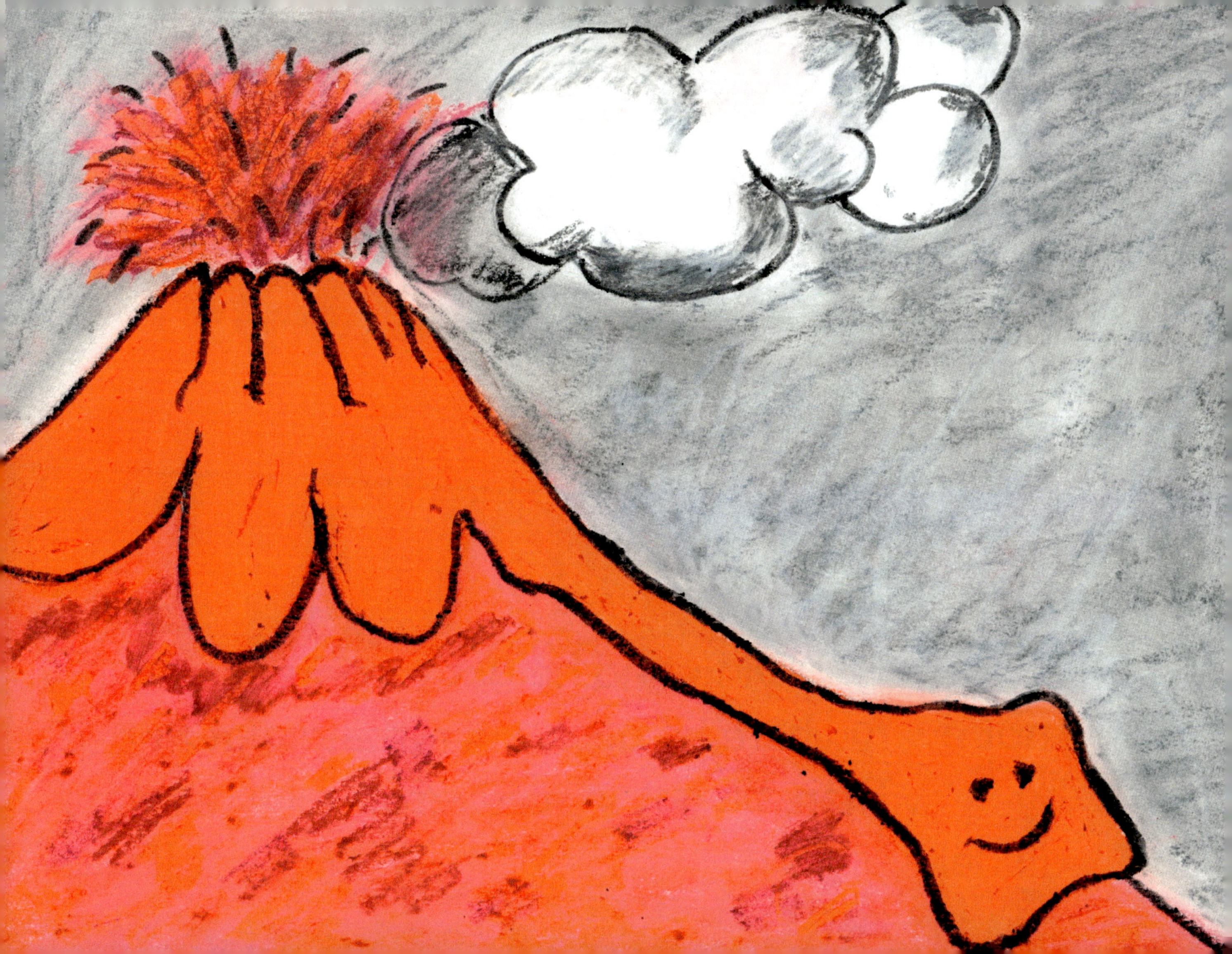

Comenzó a andar y se sorprendió al ver que por donde pasaba todo se teñía de Rojo. Entonces se puso muy triste porque se sentía muy solo.

He began moving and he got surprise seeing that everywhere he goes, everything was tinged by Red. Then, he got so sad because he felt very alone.

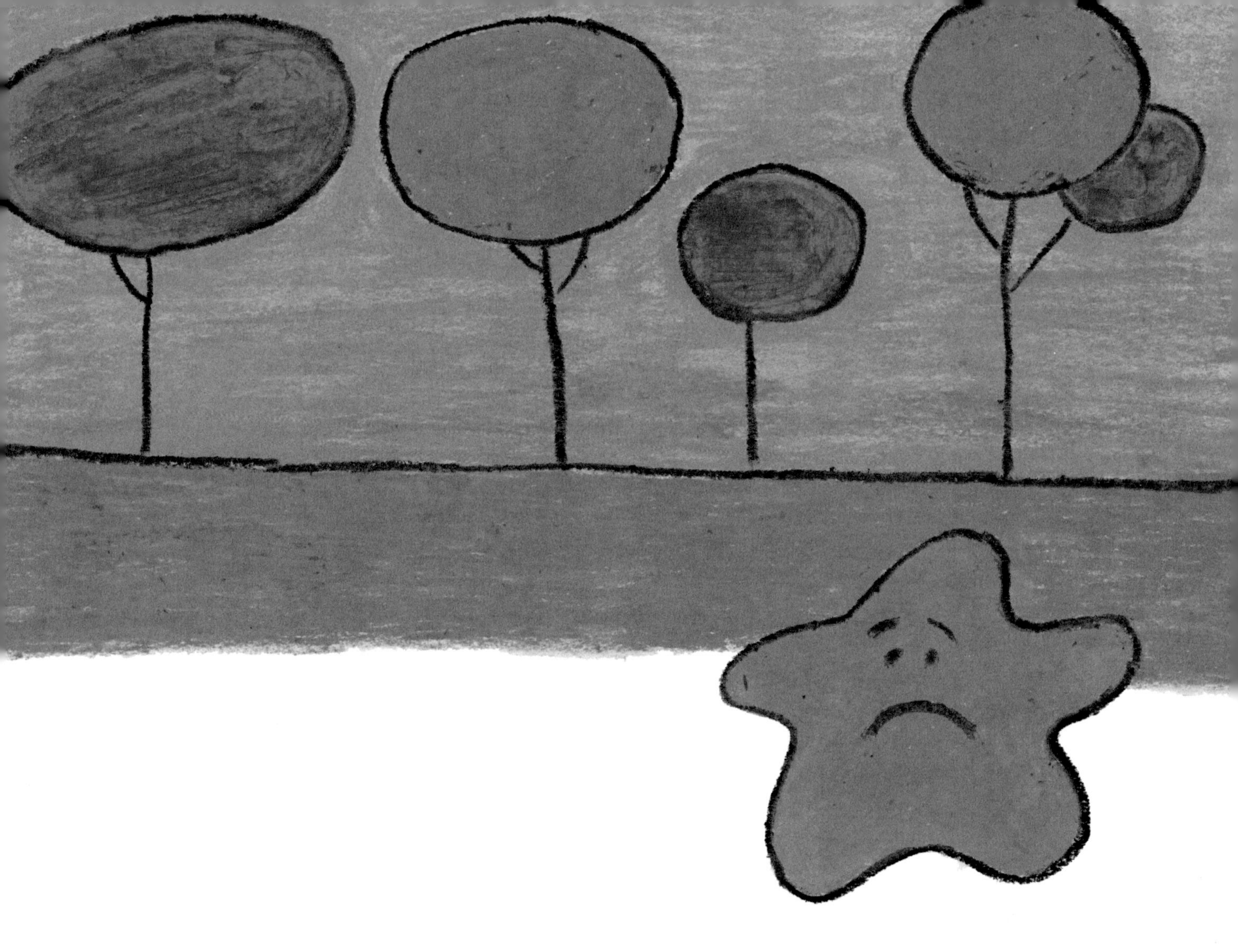

Andando y andando llegó al mar y encontró bañándose al color Azul que también estaba solo y salió mojado a recibirle.

Walking and walking he arrived to the sea and he watched colour Blue that was alone either, taking a bath. Colour Blue went out wet to meet him.

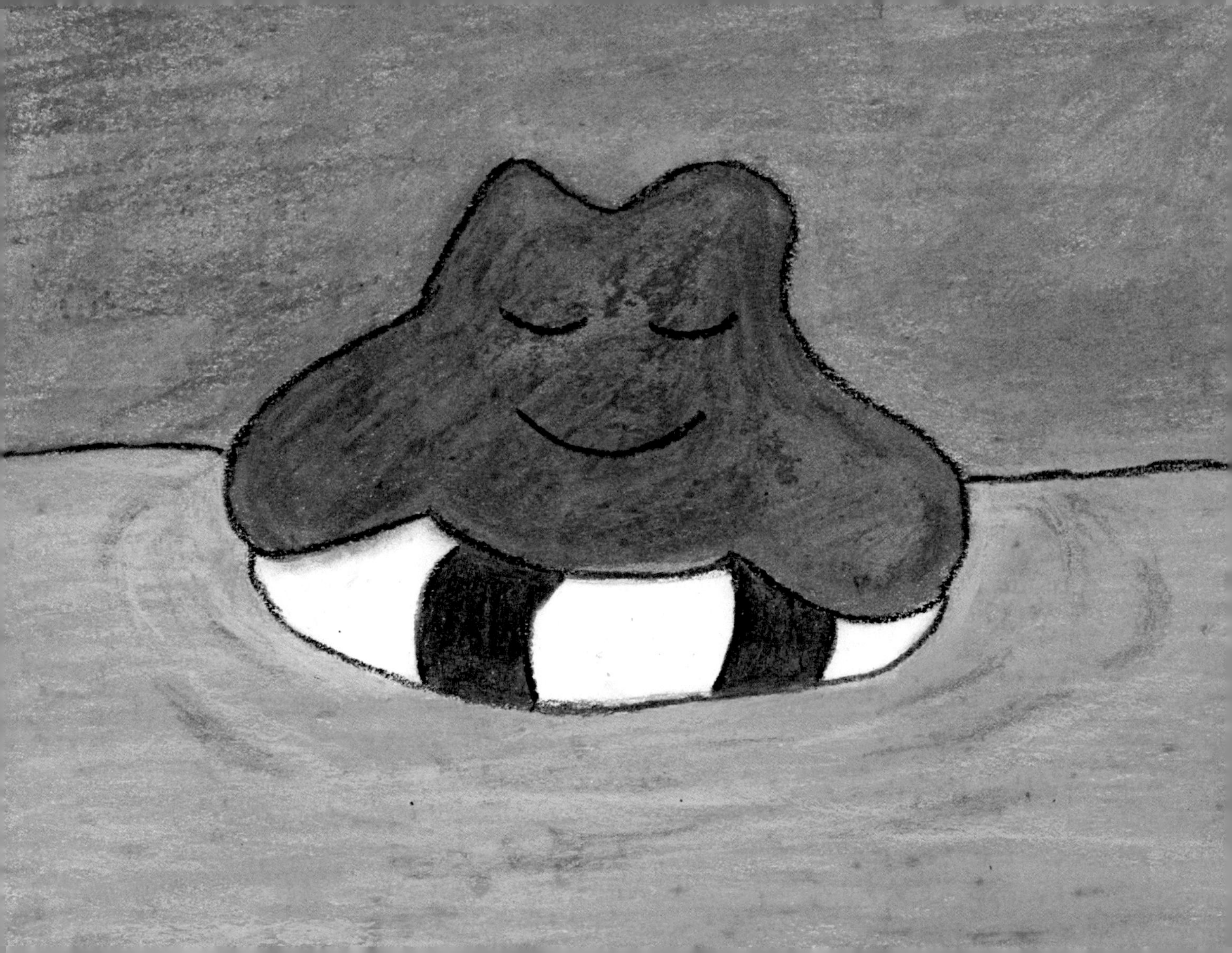

- ¡Hola!
- ¡Hola! ¿Oye, tú quién eres?
- Soy el color **Azul**. ¿Y tú quién eres?
- Yo soy el color **Rojo**. Al darse la mano se mezclaron y ... ¡Qué sorpresa!
- ¡Ooooh!
Vieron que sus manos cambiaban de color.

- Hello!
- Hello! Listen, who are you?
- I am the **Blue** colour. And you? Who are you?
- I am the **Red** colour. When they held their hands they mixed and ... What a surprise!
- Ooooh!
They look how their hands changed their colour.

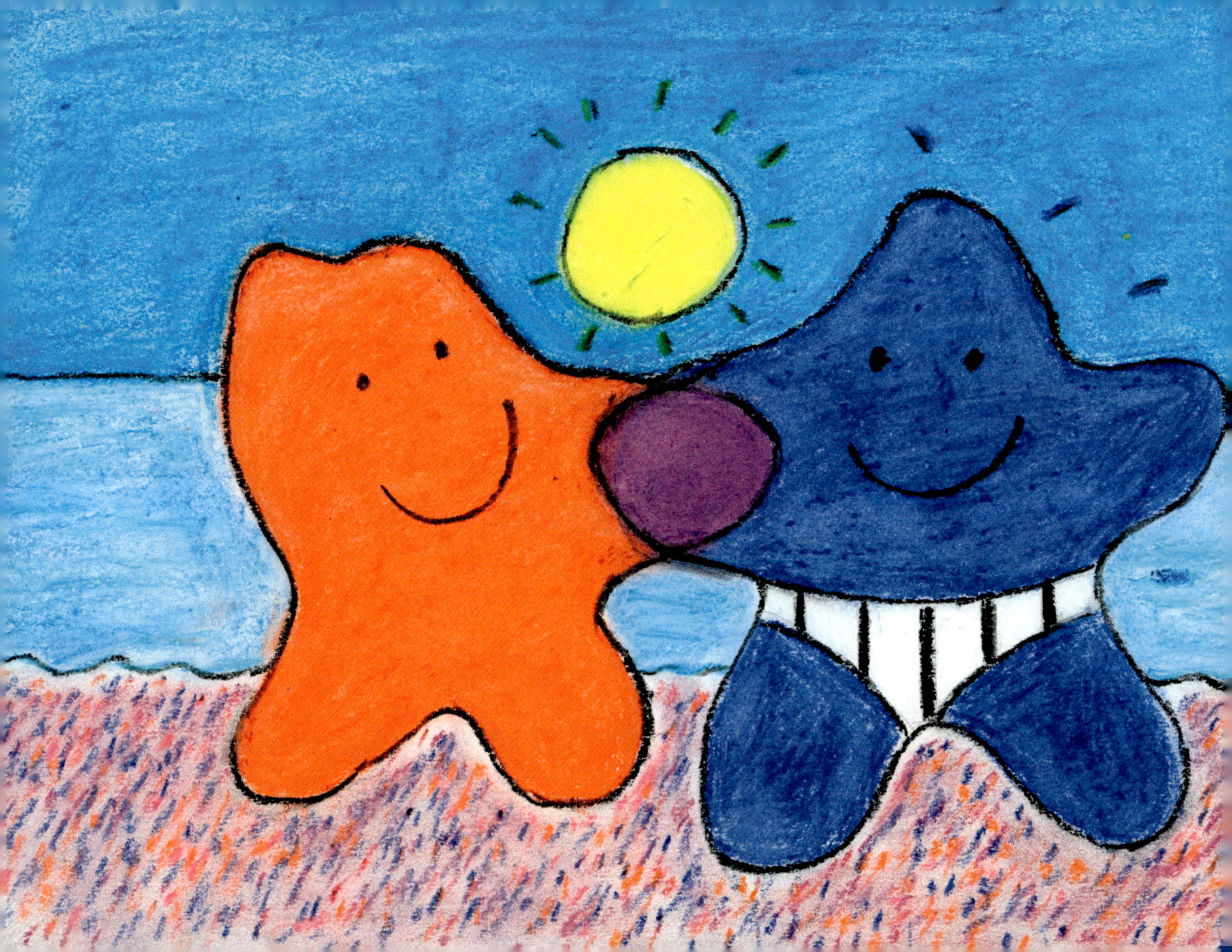

A ese nuevo color decidieron llamarle Morado y se pusieron muy contentos de encontrar un nuevo amigo.

They decided calling Purple colour to this new colour and they got so happy meeting a new friend.

El Amarillo desde arriba estaba viendo lo que pasaba y pensó que lo mejor sería bajar con ellos porque también se encontraba solo.

The Yellow colour was looking out what it happened from the top, so the yellow colour thought that would be best to come down with the others because he either felt alone.

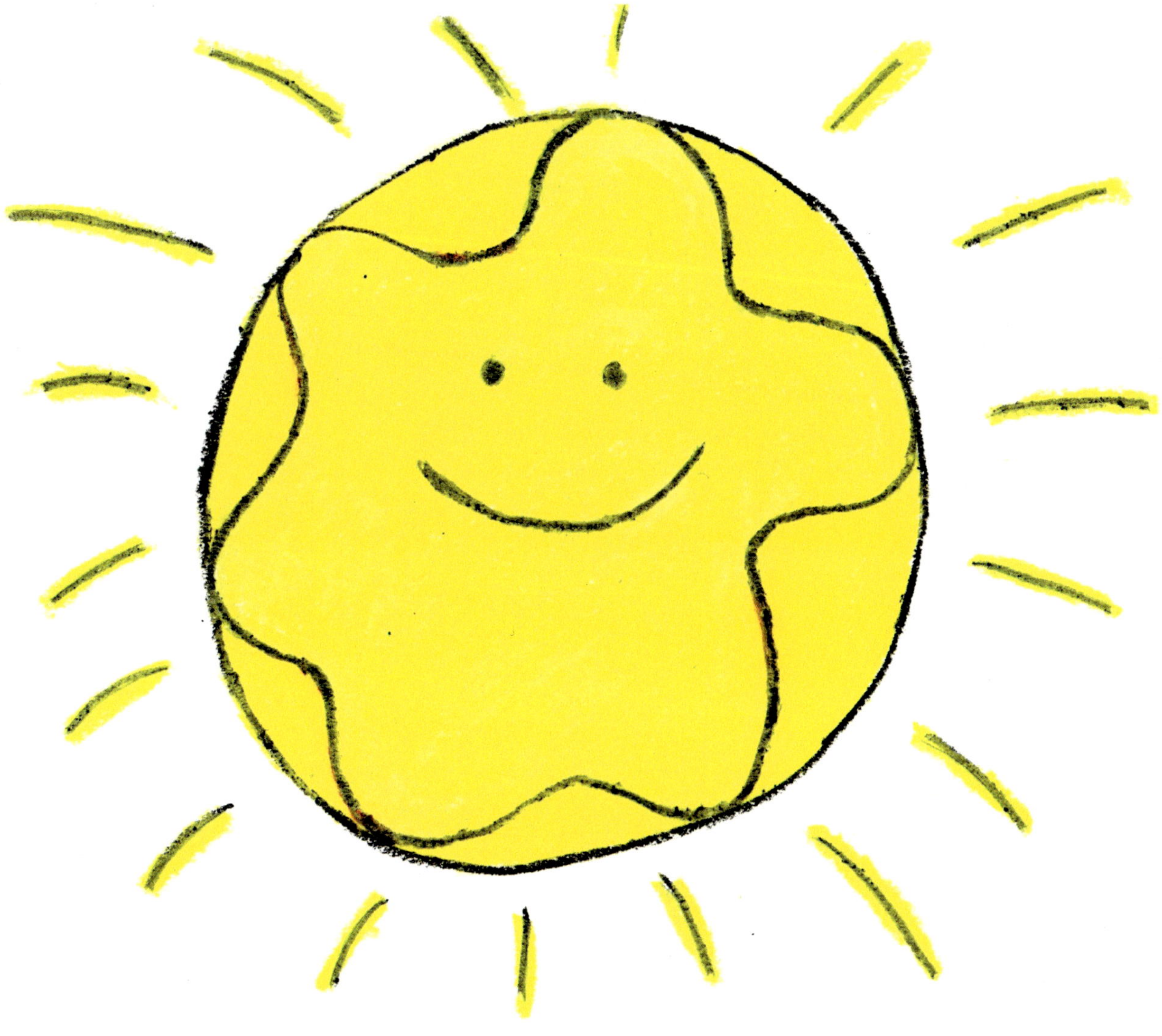

Bajó por el tobogán de un rayo de sol para conocer a los demás.
- ¡Yupiii...!

He came down in a ray of sun slide to meet the rest.
- Cool!

El primero que le saludó fue el Azul.
- ¡Hola!
- ¡Hola! ¿De dónde vienes?
- Vengo del Sol. ¿No ves que soy el Amarillo?
- ¡Aaah ... !
- ¿Y tú?
- Yo vengo del mar y soy Azul como sus aguas.
- ¡Aaah ... !
Y ocurrió lo mismo, al juntarse las manos apareció otro color.
- ¡Oooh!

The first greeting was the Blue colour.
- Hello!
- Hello! Where do you come from?
- I come from the Sun I am Yellow colour.
- Aaah ... !
- And you?
- I come from the Sea I am Blue like water.
- Aaah ... !
And it happen the same, when they mixed their hands another new colour appeared.
- Oooh!

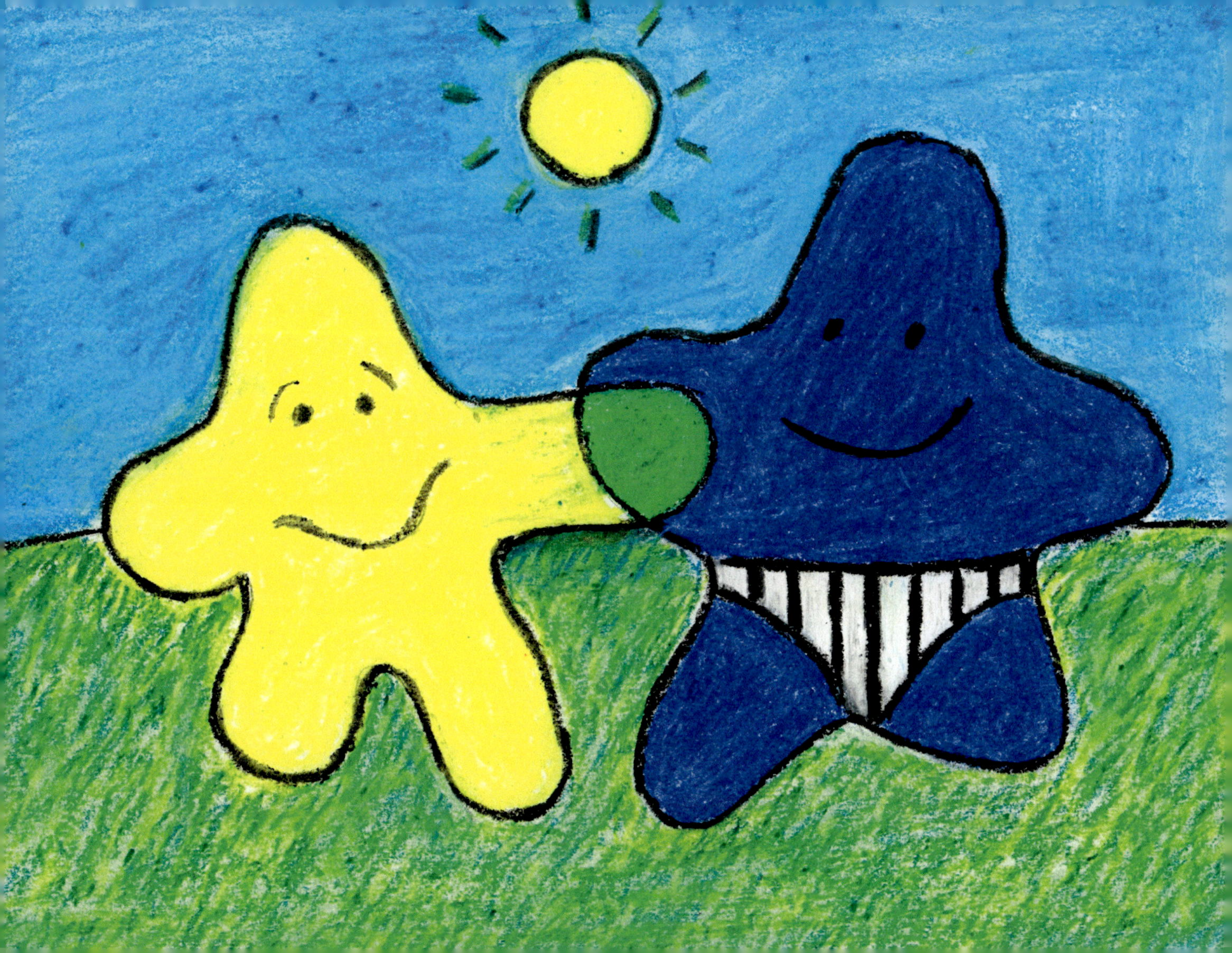

Buscaron entre todos un nombre apropiado. Después de pensarlo se pusieron de acuerdo y decidieron llamarle Verde.

They all together looked for an appropriated name. Later thinking about it they agreed and decided calling it, Green colour.

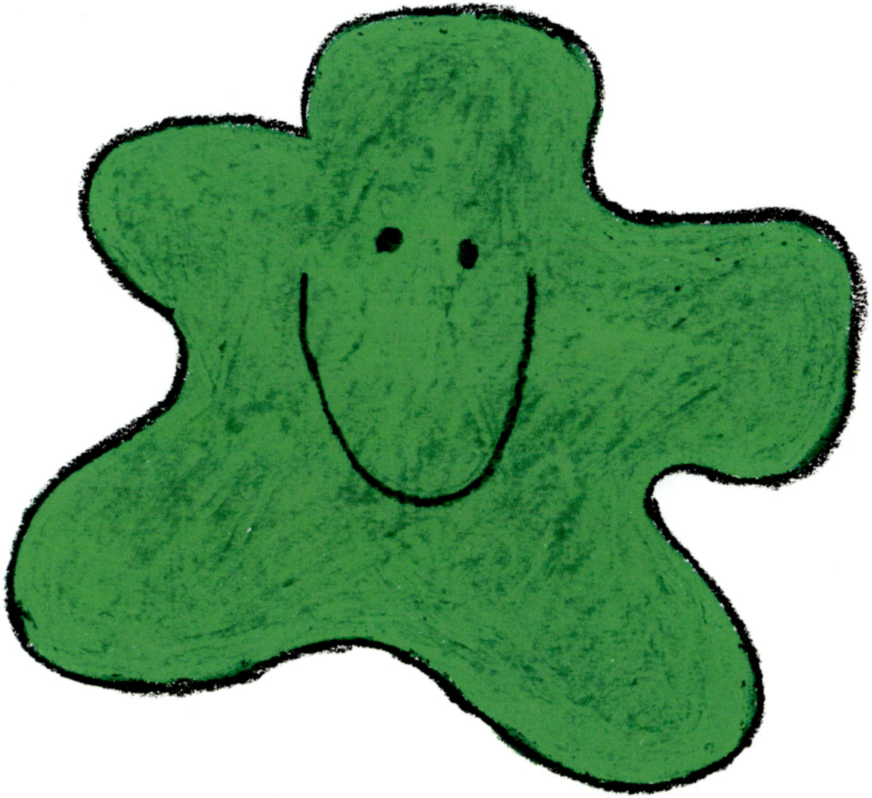

Luego le saludó el Rojo.
- ¡Aaah! ¿Tú eres el Amarillo?
- Si ...
- Pues yo soy el Rojo y vengo de los volcanes.

After that the colour Red greeted the colour Yellow.
- Aaah! Are you Yellow colour?
- Yes ...
- Well, I am the colour Red and I come from volcanoes.

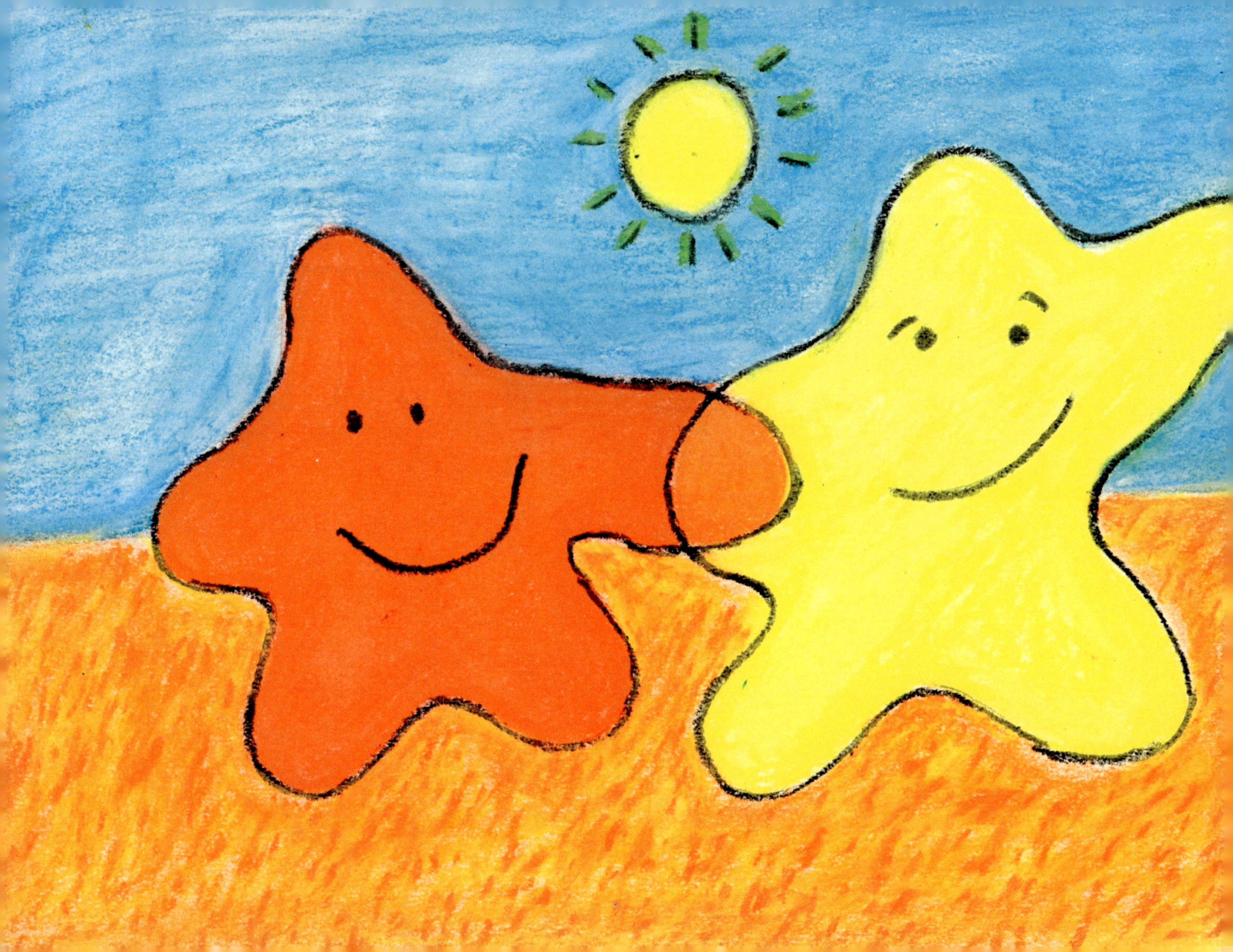

Y de ellos surgió otro color al que pusieron de nombre Naranja.

And another new colour arose from then that they called, colour Orange.

Con el paso del tiempo se fueron mezclando unos con otros y nació un nuevo mundo de color y fantasía.

As time goes by the colours mixed and mixed and thus a new world of colour and fantasy was born.

La historia de los colores

The colour's story

Made in United States
Orlando, FL
07 March 2023